時が止まった部屋

遺品整理人がミニチュアで伝える孤独死のはなし

ミニチュア制作・文
小島美羽

本書に掲載している写真は、p139 の著者写真をのぞいてすべて著者が制作したミニチュアです。

はじめに

わたしが遺品整理・特殊清掃の仕事を始めたのは二十二歳のときだった。今年でちょうど五年になる。

はじめて孤独死の現場に足を踏み入れたとき、不思議な感覚を抱いたのをいまでも鮮明に憶えている。突然、主《あるじ》を失った部屋は、まるで時が止まったかのようだった。それまで続いていた生活が、人生が、そこで完全に止まっていたのだ。

そんな孤独死が、いま日本で増え続けている。

日本の孤独死

孤独死とは、誰にも看取られずに自宅で亡くなり、死後、発見されるまでに日数が経過した状況をさす。日本では年間で約三万人が孤独死していると言われ、この十年ほどで社会問題としてテレビや雑誌で取りあげられることが多くなり、誰でも聞いたことがある言葉になった。しかし、わたしは孤独死が悪いことだとは思っていない。人が亡くなることは誰にも止められないし、病院や施設などではなく住み慣れた我が家で逝《い》きたいと思っている人は多い（この場合、「自宅死」や「自然死」という表現のほうがしっくりくる）。孤独死が悪いのではなく、発見されるまでの期間が問題なのだ。

わたしが訪れる依頼現場は、年間で三百七十件以上。そのうち遺品整理のみの案件が六割、孤独死の特殊清掃は四割ほど。特に夏場になると、異臭による発見が多くなるので、孤独死の依頼も必然的に増える。

これまでに経験した孤独死の現場で、発見されるまでに一番期間が長かったケースは二年。二年ものあいだ、誰にも気づかれず、故人はひたすら一人で見つけてもらえるのを待っていたことになる。なかには二世帯住宅にもかかわらず、発見までに一週間を要したケースもあった。にわかには信じがたいが、それが現実だ。いかに家族や友人、近隣住民との会話が失われていたのかがわかる。孤独死は、周囲とのコミュニケーション不足によって起こる問題なのだ。

そもそもなぜ日本だけ、社会問題化するほど孤独死が多くなってしまったのだろう。海外では孤独死というものが稀《まれ》で、日本の状況が驚きとともに報道されている。日本では核家族化が進行していること、高齢者が子どもたちに迷惑をかけたくない、慣れ親しんだ家がよいと一人暮らしを望んだり、介護施設に入りたくても費用の問題や施設数が少ないなどの問題で利用しにくい状況もある。にもかかわらず、ほとんどの人に当事者意識はない。まさか自分の親や身内が孤独死をするとは思ってもみなかったと話す依頼人は多い。これだけ孤独死が社会問題化しているので気をつけようと意識しながらも、本心ではどこか他人事のように思っているところがあるのだ。

わたしがミニチュアを作る理由

最初に孤独死の部屋のミニチュアを作ったのは、二〇一六年。年に一回東京ビッグサイトで開催されている、葬祭業界の専門展示会「エンディング産業展」のためだった。

それまでは作業光景の写真を使って、自分たちの仕事や孤独死の問題を来場者に説明していた。生々しい部分が見えないよう配慮して選んでいるとはいえ、実際に孤独死が起きた現場の写真を使うと見る人にショックを与えてしまうし、故人を晒《さら》し者にしてしまうことになるのではないか、遺族にも悲しい記憶を思い起こさせてしまうのではないかという心配があった。

一方で、現実が世のなかにまったく報道されないことにも焦燥感《しょうそうかん》を覚えていた。日本の報道では、孤独死の現場写真にモザイクがかけられ、もっとも核心をついた部分が隠されてしまう。これではいつまで経っても、孤独死が自分にも起こりうることだという危機感を持ってもらうことができない。孤独死は誰にでも起こりうる。若いからといって例外ではない。わたしが二十二歳で孤独死の清掃に行ったとき、その部屋の故人も二十二歳の若い男性だった。発見は死後三か月が経ってからだった。

現実を知ってほしいのに、伝えられない。伝えてもらえない。

いったいどうしたらいいのか。

そのとき思いついたのが「ミニチュア」だった。ミニチュアなど今まで作ったこともないのに、である。でも模型であれば生々しくなりすぎず、見てもらいやすいのではないか。現場の特徴を組み合わせることもできる。社長には一笑に付されたものの、「まずはやってみる」性格のわたしは勝手に作って展示しますからと宣言し、自腹で道具や材料を買い、仕事の空き時間などを利用して試行錯誤で制作を始めた。社長は軽口を叩きながらも見守ってくれていた。

どうにか完成したミニチュア第一号は、見た目はそこまで精巧ではなかったものの、いざエンディング産業展に展示してみると大好評で、多くの人に目を向けてもらうことができた。その翌年はさらにリアルなミニチュアを展示したことで、わたしたちのブースに来てくれた人たちがツイッターやSNSで発信してくれ、それをきっかけにテレビや雑誌でも取り上げてもらえるようになった。

これまでに作ったミニチュアは九点。本書ではそのうちの八点を紹介する。どれもわたしが日々、さまざまな孤独死の現場で目にしてきた部屋の特徴を凝縮して再現している。なので、どこか特定の現場というわけではないし、ご紹介する事例についても個人の特定につながらないよう一部情報を変更している。また、孤独死の現場のミニチュアという特性上、本書には一部、血液や体液を再現したミニチュアの写真が含まれるため、人によっては不快感を覚える可能性がある。未成年の方や不安な方が本書を読まれる際には充分に注意していただきたい。

本書の目的は、何かこうしたら孤独死が防げるといった具体策を提案することではない。あくまで、孤独死の現実をみなさん一人ひとりに知ってもらい、誰にでも起こりうることとして考えてもらうためである。そして本書を読んだあなたの心に浮かんだその人――一人暮らしをしている親御さん、疎遠になっていた親類や友人、近所のお年寄りたち――に声をかけたり、顔を見に出かけたりするきっかけになってくれればと、切に願う。亡くしてからでは遅い。

このミニチュア作りはどこまで続くのか、とよく訊かれる。わたしが伝えたいことがなくなり、ミニチュアを作らなくてもよくなるほど、みんなが孤独死や自分の死を現実のこととして受け止められる世の中に変わってくれたなら、作らなくなるだろう。

しかし今は作り続ける。
これらが他人事ではない現実だと、認識してもらえるまでは。

もくじ

第1章　音信不通の父親

第一発見者になりたくない、事情聴取が面倒だからという理由で、
異変に気づいても通報しない人が増えてきている。

独身で実家での一人暮らし。両親は他界。無職。部屋には馬券などギャンブルのはずれ券や新聞が大量に散乱。飲みかけの一升瓶《いっしょうびん》や大量のカップ酒の容器、山となったコンビニ弁当の空き容器……。

五、六十代男性。

発見されるのは、死後三〜六か月。

発見者は、害虫の増加や異臭などの異変に気づいたアパートの大家さんや、水道メーター検針員、新聞配達員。

これが、わたしが訪れた孤独死の現場で、最も多いケースだ。

部屋の住人は、社会との関わりを自ら断ってしまっていた人が多い。ごみ出しのときに近所の人に挨拶を返さなかったり、家にいても居留守を使うことが多かったり。料理もせずにコンビニ弁当、そのほかの買い物は家から極力出ずにネットショッピングで済ませてしまう。そのため、外で姿を見かけない日が続いても、誰も気がつかない。

わたしがミニチュアで再現したのは、こうした中高年男性の部屋。共通しているのは布団を中心に生活していることで、何らかの持病を抱え、布団の上で最期を迎えることが多い。布団から手の届く範囲にあらゆる生活用品を置いていて、残された弁当の空き容器や、大量の飲酒を示す酒瓶を見れば、そうした生活習慣が、脳梗塞や心筋梗塞を引き起こしたと想像するのはたやすい。そして布団の周囲には多くのごみが散乱しているが、座ったり寝たりしていたであろうスペースだけが、ぽっかり空いている。

その人が生きていた証《あかし》のように。

三月のまだ寒いある日、一本の電話が入った。

「父がアパートで亡くなっていたようで、清掃をお願いしたいのですが……」

すぐに来てほしいという依頼だったので、わたしは急いで車で現場に向かった。

アパートの入り口に依頼者の四十代女性はいた。

「わたしが小さい頃に両親は離婚しているので、父の顔は覚えていないし、連絡も三十年近く取っていなかったんです。だから警察から連絡があったときは驚きました。死後四か月は経っていたそうです。父との思い出はないに等しいので貴重品以外は処分でお願いします。わたしは外で待っていますので、部屋のなかを見てきてもらえますか？」

わたしは部屋に入る前に合掌《がっしょう》し、持参した仏花を手になかに入った。

六畳の和室と四畳ほどのキッチンがある室内はとてもきれいと呼べるものではなく、チラシや食べかけの弁当、パンの袋、空き缶や丸まったティッシュ、ビニール袋や薬などがいたるところに散乱し、肌着が干されたままで生活感にあふれていた。奥に進むと、茶色く変色し、人の形のシミができた布団があった。そこで最期を迎えたということだ。布団の周りには食べかけの総菜ごみや雑誌、薬や注射針が大量に転がっている。枕には血を吐いた跡があった。糖尿病を患《わずら》っていたのかもしれない。

死後、時間が経過すると遺体からは体液が漏《も》れ出る。布団の上で亡くなると、それを中綿が吸収してかなり重くなり、茶色く変色していく。発見が遅ければ、床にまで浸透してしまうし、木造の場合は死後半年も経つと、階下にまで及んでしまうこともある。

そこで特殊清掃の必要が生じる。わたしたちは、死臭や体液を徹底的に除去するため、床板や畳まで撤去する。さらに畳の下にあるラワン合板にも体液が染みてしまっている場合はその部分だけ取り外すか切り取らなければならない。フローリングの場合も同様で、床上の清掃だけでなく、床下まで確認する。この作業を怠《おこた》ると、どんなに清掃をしても臭いは消えない。特殊清掃の技術のない業者だと、表面はきれいにできても床下まで清掃できずに臭いが残ってしまい、結局、専門のところにもう一度依頼することになりかねない。

依頼人と作業の段取りを組んだあと、後日、一日かけて特殊清掃作業を完了した。部屋に立ち込めていた孤独死特有の臭いがなくなり、はじめて依頼人の女性が部屋のなかに足を踏み入れた。遺品のなかにあった故人の履歴書の写真を見て、切なそうな笑みを浮かべる。

「はっきり言って、顔も覚えていないし、わたしには赤の他人のような人だけど、この人がいたからわたしが生まれたのは間違いないですからね。最後ぐらい血のつながったわたしが見届けたいと思います。父は亡くなる直前、何を想い、亡くなっていったのでしょうね」

故人と長年疎遠だった依頼人のほとんどは、相続放棄する。なかには、憤りを隠さず、わたしたちにぶつけてくる遺族もいる。「なぜ自分が清掃費用を負担しなければならないのか」「家族にさんざん迷惑をかけておいて、死んでもまだ迷惑をかけるつもりなのか」「写真も何もいらないので処分してください」と。

しかしいま目の前にいる女性は、たった一人で最期を迎えた顔も覚えていない父親を見送ろうとしている。家族の歴史のなかで、何があったのかは、わたしに

は知るすべがないし、家族にしかわからない問題もある。それでももし生前、この気丈でまっすぐな娘さんに故人が会えていたなら、少し違った結末になっていたかもしれないと、思わずにはいられない。

わたしの亡くなった父も、酒飲みだった。わたしたち姉妹が小さい頃からお酒が大好きで、何かしら家庭内で問題を起こしていた。お酒を飲むと働きたくなくなるようで、職に就いては辞めるということを繰り返していたので、母の稼ぎだけが頼りの家計はいつも火の車だった。

そんな父がよく飲んでいた焼酎カップが、こうした中高年男性の孤独死の現場を訪れると思い出される。青いキャップはアルコール度数が低く、赤いキャップは度数が高い。実際にこのカップを現場で見かけることも多い。

父はお酒を飲むと気が強くなる人だった。でも、お酒を飲まなければいいお父さん。わたしが幼稚園ぐらいのときには、運送会社で働いていた父のトラックによく乗せてもらったし、家族で川に遊びに行ったりもした。

依頼者の父親にも、そうした家族との思い出があっただろうか。

わたしが現場に行くときには、すでに故人の姿はない。

そういう仕事だ。

遺族や大家さんから聞いた話と、ただ、「部屋」と「物」がそこに取り残されているだけ。

でも、それらは雄弁に故人の人生を語っているようでもある。

父の人生に重なる。

亡くなったとき、父は五十四歳だった。

第2章　ごみ屋敷それぞれの事情

「わたしはきれい好きだから、こうはならないわ」
エンディング産業展でわたしが展示していた、ごみ屋敷のミニチュアを見て、四十代ぐらいの女性が言い放った言葉である。

このミニチュアは、四十代女性がごみ屋敷化したマンションの一室で孤独死していた現場をモデルに作成したもの。わたしたちが清掃を依頼されるごみ屋敷には、部屋の住人が亡くなっているケースもあれば、住人自身がごみの処分を依頼してくるケースもある。ごみ屋敷といっても量はさまざまで、足首ぐらいの高さの量から、多いと天井近くまで積み上がってしまっていることもあり、最大で八

2-SLICE
TOASTER
週刊新潮

トンもの量に達していたこともある。いずれも、ひとりではもうどうすることもできない量だ。ミニチュアではごみを見やすくするために、かなり量を減らして再現している。

何十年もかけてごみ屋敷化していくこともあるが、たった二、三年で部屋を覆い尽くすほどの量に達することもある。特に女性の場合は、それまで何の問題もなく部屋をきれいにしていたのに、ちょっとしたきっかけや切実な事情からごみを溜めこんでしまうことがある。

まず、職業上の理由によるもの。特に接客業や激務をこなす人に多く、わたしが依頼されたなかで具体的にあげると、弁護士、水商売、看護師、芸能関係が多い。客や患者、仕事仲間に神経を遣い、激務をこなして家に帰る頃にはすべてのエネルギーを使い果たしてしまい、家のことや自分のことは後回しになってしまうのだ。

外界とつながるための最新の通信機器と、外界とのつながりを遮断するかのように積み上げられたごみが対照的。

「今日は疲れているから明日掃除しよう」「休みの日に一気にやろう」が積み重なってしまった結果、徐々に追いつかなくなってしまうのだという。そんな依頼人女性の多くはきれいな身なりをしていて、見た目だけではとてもごみ屋敷に住んでいるようには思えないので、わたしは毎回そのギャップに驚かされてしまう。けれど、そんなふうにさまざまなところに気を遣うことのできる女性だからこそ、外で疲れ果ててしまい、唯一気を抜ける自宅で無気力になってしまうのかもしれない。

看護師など夜勤のある人は、朝の早い時間にごみ出しをすることができずに溜めこんでしまうケースがある。地区ごとに決まっている収集時間に間に合わなかったり、早すぎたりしたことで近所の人から注意を受け、ごみ出しが怖くなってしまうようだ。

つぎに、ストーカーの被害者。こうした女性のほとんどがごみを外に出せずに苦しんでいる。実際、わたしが依頼を受けたタレントの女性もそうだった。とても深刻な状況で、ストーカーが真向かいに住んでいて常に監視されているため、外出時についてきたり、引っ越しをしても必ず同じ建物にストーカーも引っ越してくると頭を抱えていた。洗濯ものを外に干すこともできず、ごみ袋を漁《あさ》られるのが怖くて外に出すこともできない。

わたしたちは依頼人の事情を考慮して、部屋のごみはすべて段ボール箱に詰め、引っ越しを装って外に運びだすことにした。ところが作業がはじまったとたん、ストーカー男が姿を現し、「どこに持っていくんだ!? どこに行くんだ！」とわたしたちにしつこくいさがる。警察に間に入ってもらい事なきを得たものの、この男を相手に、今まで依頼人はどれだけ怖い思いをしてきたことだろう。

五百箱もの段ボール箱をすべてきれいに運び終わると依頼人も安心したようで、強張《こわば》った顔は穏やかになっていた。

タレントである前に一人の女性。何ら一般女性と変わりない。この依頼人に限らず、本人が業者にごみの撤去の依頼をすることはとても勇気のいることだ。電話をかけるまでにどんなに躊躇《ちゅうちょ》しただろう。世間に知られてしまうのではと葛藤したにちがいない。

　こうした事情のほかにも、認知症や発達障害により片づけや分類が困難な人、収集癖のある人、そもそも片づけ方がわからないまま一人暮らしを始める二十代の依頼者も増えている印象がある。


　このようにごみ屋敷に至る事情はさまざまだが、現場を清掃していると、不思議と共通していることが多いことにも気づく。ごみは、部屋の住人がよく過ごしている場所（布団の周りなど）を避けた場所——窓側や壁側から積み上がっていき、だんだん部屋の中央へと広がっていく。

　ごみの量が足の膝上ぐらいの高さまで達すると、次はお風呂場やトイレ、ロフトなどにも置かれるようになる。そして腰ぐらいの高さになる頃、トイレは完全にごみに占拠され、用が足せなくなる。そういう現場には、排せつ物が入ったペットボトルとレジ袋が部屋に散乱することになる。

尿の入ったペットボトルが 100 本以上あることも。

外から見たらごく普通の家なのに、扉を開けるとそこは別世界。

いったい何年分の人生が詰めこまれているのだろうか。


最後にもうひとつだけ、わたしが出会ったごみ屋敷の事情で多いものをご紹介しておきたい。それは、大切な人の突然の死や愛する者との別れ、そうした喪失感が原因で部屋の住人が鬱《うつ》になってしまうケースだ。家族の事故死、最愛のペットとの別れ、離婚、解雇……そんな誰にでも起こりうる突然の喪失が、人を無気力にさせる。

今までできていた生活ができなくなる。

「生きる」という力が欠落する。

そんなとき、誰かがそばで支えてくれなければ、ごみ屋敷へとつながってしまうのだ。

「わたしはこうはならない」

それでも言い切れる人がいるだろうか。

大家さんたちの苦悩

八月の暑い日の夕方のこと。

「うちのマンションの一室で亡くなってからしばらく経ってる部屋があるんだけど、こういうことがはじめてなもんでどうしたらいいのか……。清掃も頼めるのでしょうか？」と困った様子の大家さんから依頼の電話が入った。

後日、指定されたマンションに向かうと、大家さんは六十代の男性で、管理人室で待っていた。一週間前に、マンションの住人たちが「異臭がする」「ハエが大量に部屋のなかに入ってくる」と大家さんに訴えたことから孤独死が発覚した。死後三か月は経っていたようで、警察と部屋のなかに入ったときに遺体を目にしてしまった大家さんは、軽いトラウマになっていた。

「夜眠れなくなっちゃってね。いろんな意味で」

これからの不安もあったのかもしれない。

大家さんといっしょに部屋に向かうと、共用の廊下にツーンとした独特の臭いが漂っている。ドアポストには、隙間から出入りするハエ。わたしは防護服、防毒マスク、保護メガネを装着し、殺虫剤を片手に部屋のなかに入った。ハエを潰さないように慎重に進む。ハエを介して病気が感染するかもしれないからだ。窓も開けてはいけない。近隣住民のために。

奥の部屋が寝室になっていて、布団の上で亡くなっていたようだ。体液や皮膚、頭皮などが剝《む》けて落ちており、ウジ虫もうごめいている。布団をめくるとその下まで体液が染み、畳にまで浸透してしまっていた。わたしは部屋全体の写真を撮影すると、なかに入れず外で待っている大家さんに確認してもらった。

「この人の身内は相続放棄してしまったので、誰もこの部屋の物を処理する人がいないんです。つまり大家のわたしが処分やらリフォーム代やらを全て負担しなければいけないんですよ……」そう言って肩を落とす。

孤独死がマンションやアパートで起こると、それを嫌がるほかの部屋の住人まで転居して空室が増えてしまい、家賃収入が激減してしまうことがある。なので大家や管理会社は、孤独死の事実を周りに知られないように徹底するところもある。今回の部屋も、リフォームをしたところでいつ新しい入居者が見つかるかわからないし、事故物件扱いされてしまうかもしれない。「事故物件」とは一般的に自殺や殺人、事故などで人が亡くなった部屋をさすが、明確な定義はないので孤独死があった事実を告知せず、そのまま貸すところもある。でも入居後に発覚して万が一、訴訟を起こされると困るので、入居前に告知するのが一般的のようだ。

今は大家向けの孤独死保険というものもあり、孤独死があった場合に清掃代やリフォーム代の補償、家賃保証などをしてくれるので、賃貸経営をされている方は検討してもいいかもしれない。

いっぽう、遺族を罵倒し、不当な要求や高額なリフォーム代を請求する大家を目にすることもある。

「なぜうちのマンションで孤独死したんだ！」そんなふうに怒りをぶつけられても、遺族にはどうすることもできず、迷惑をかけて申し訳ないという思いから大家の要求を呑んでしまう。あるいは、せめて部屋の原状回復をしようという気持ちがあっても、高額のリフォーム代を請求されたことで、相続放棄してしまうこともある。

結局は、遺族も大家さんも、お互いに割の合わない立場ということになる。せめて遺族も大家さんも安心して眠れるよう、わたしは故人に代わって部屋をきれいにしてあげたい。

第3章　家のなかの密室

トイレでの孤独死

冬場になると、トイレやお風呂、廊下でヒートショックを起こして孤独死する人が多くなる。

ヒートショックは暖かい場所から急に寒いところに行くなど、極端な温度差による血圧変動があると起こる現象だが、トイレでいきんだときに血圧が上昇し、排便後、急に低下するためヒートショックが起こりやすくなるそうだ。

ヒートショックで亡くなるのは特に高齢者（六十代後半から）が多いが、若いからといって起こらないとは限らない。冬場の便座の冷えも要因になりやすいようで、わたしが依頼を受けた現場のほとんどで、便座カバーがつけられていなかった。ミニチュアで再現したように、せっかく暖房便座なのにコンセントを抜い

たまま使用していた現場もあった。

トイレで亡くなると発見が遅くなる傾向があり、平均して死後二、三か月ほどが経過している。というのも、ドアを閉めて鍵をかければ（一人暮らしではトイレのドアに鍵をかけない人も多いが）完全な密室状態になってしまうため、心

配した誰かが家の窓から室内を覗《のぞ》きこんでくれたとしても異変に気づきにくく、ただ留守にしているだけかと見逃されてしまうからだ。

実際に、トイレで孤独死して三か月以上が経過した現場があった。マンションのドアを開けて入ると、そこは男性の一人暮らしにしては片づいていてとてもきれいな部屋。もし臭いがなければ、発見は難しかっただろう。それぐらい片づいていた。窓から見ただけでは「旅行にでも行っているのだろう」ぐらいにしか思われないにちがいない。

ここもやはり便座カバーはなく、便座には故人の脚の皮膚《ひふ》と肉が付着していた。おそらく座ったまま亡くなったのだろう。便器のなかは体液で黒く、固形物が見える。肉体の一部なのか排便なのかはわからない。発見が遅れた場合、最終的には臭いや体液がトイレのドアの隙間から廊下に漏れ出して、はじめて気づかれることになる。

そうなると、遺族が清掃するのは精神的にも技術的にも難しくなるため、わたしたちが依頼を受けることになる。強力な消毒液を散布してから清掃し、状態によっては便器ごと取り外して処分することもある。

お風呂での孤独死

家のなかの密室は、トイレだけではない。
お風呂もである。

寒い脱衣所から熱い湯船のなかに入ると、急激な温度変化にヒートショックを起こしやすくなる。溺《おぼ》れて亡くなる人も含め、湯船のなかで亡くなっていることが多い。

湯船のなかで亡くなると、居間などで亡くなった人よりも腐敗が早まる。なかでも、追い焚き・保温機能を備えたお風呂での孤独死の現場が、いまでも強く、わたしの心に残っている。

依頼人は娘さんで、母親に何度電話してもつながらなかったため心配で家に様子を見に行き、お風呂で亡くなっているところを発見した。死後一週間だった。真冬だったにもかかわらず腐敗が進み、水の色は茶色く変色し、遺体は原形をとどめないほどに溶けてしまっていた。追い焚き・保温機能がついていたことから腐敗がより早まったのだろう。風呂温度は四十二度に設定されていた。設定温度以下になると、自動で追い焚きを繰り返すので、いつでも熱いお湯に入れる機能だった。便利な設定ゆえに起こった悲劇かもしれない。

肉親を亡くしただけでもつらいのに、こんな姿にしてしまったと嘆き悲しむ依頼人。何度経験しても、わたしはこれほど悲嘆に暮れる遺族になんと声をかけたらいいのか、いまだにわからないでいる。親をお風呂で亡くした遺族のほとんどが罪悪感を覚えてしまい、「あのとき、わたしがお風呂に入れていれば……」と悔やむ声をよく耳にする。

わたしにできることは、心をこめて現場の遺品整理（遺品整理の仕事について

は次の章で詳しく説明する）と清掃をすること。見るに忍びない姿になってしまったとしても、遺族の心のなかには元気な姿で生き続けているはず。楽しかった日々を思い出してもらうため、思い出深い物や写真などを探し出してお渡しするのだ。そしてもう一つは、ミニチュアで再現すること。このミニチュアを見てショックを受ける方も少なくないかもしれない。でも、ヒートショックが原因でお風呂で亡くなった場合に何が起こるのか、その現実を知ることでこそ危機感を抱いてもらえるのではないかと、わたしは思う。

ヒートショックはちょっとした工夫で、防ぐこともできる。トイレの便座を暖房便座に替えたり、カバーをつけるだけでもいい。寒い廊下やトイレ、お風呂の脱衣所にも小さなヒーターを置き、浴室は入浴前にシャワーのお湯で温めておくなどしておく。湯船の温度は四十度以上にせず長湯もやめ、急激な温度差を避けることを心がけるだけで、かなりリスクを下げられるのではないだろうか。

ある遺品整理の現場でのこと。依頼内容は遺品整理のみということだったが、

現場を訪れてみると、部屋の住人はお風呂で孤独死をしていた。しかし、一見すると浴室内はきれいに見える。依頼人である息子が自ら、掃除したのだと言う。家族を亡くしたショックで自ら掃除をすることが不可能な遺族が多いなか、彼はそれをやってのけたのだ。清掃業者の眼から見ると完璧とは言えないものの、それでもひと通りきれいにされている。まだ排水溝に詰まっていた皮膚の一部などから考えると、死後一週間弱は経っていたはず。かんたんなことではなかっただろう。たった一人、どんな思いで掃除をしたのだろう。

「母だけが、わたしの理解者だったんです」

男性の言葉がいまも胸に残る。

第４章　遺品の多い部屋

ひな人形
夏服
食器
SANYO
Red Motor

わたしの大切な仕事のひとつに「遺品整理」がある。

遺品整理とは文字通り、故人の残した品々を片づけることで、依頼人や遺族の希望にそってまとめたり、処分したりする作業だ。

それくらいのことならば、なぜわざわざ業者に頼むのだろう、遺族の手でできないのか、と疑問に思う人もいるかもしれない。しかし、すべてが遺族の手に負えるとは限らない。

どんな人も、思い出の詰まった物というのは、なかなか処分できないもの。思い入れのある物や、いつか誰かに譲ろうと思っている物、いつか使うかもしれないと思っている物は、特に貧しい時代に育った世代にとっては、なかなか手放すことができない。本や人形、大量の客用布団などがその代表例だ。

家族としても、親が高齢になり、そろそろ使っていないものを整理しようと考え始めるものの、手をつけようものなら「まだ使うんだ！」と逆鱗《げきりん》に触れてしまう。結局、何も手をつけることのないまま時が過ぎ去っていき、本人亡きあとに残された大量の遺品を前に、遺族は途方に暮れてしまうのである。これに孤独死という状況が重なると、部屋の強い臭いや大量の虫に阻《はば》まれて、遺品を整理したくても部屋に立ち入ることすら困難になってしまう。

あるいは、いざ整理をしようと思っても、遺品を見ると故人を思い出して辛くなってしまい、手が止まってしまうこともある。大量の物をようやく整理して処分する段階にこぎつけても、地域ごとに決められている収集日に合わせてすべてのごみを出そうとすれば、何日もかかる。遺族が遠方にすんでいるとなると、なおさらだ。依頼人のなかには、遺族だけでなんとかしようと二年間がんばったもののお手上げだったという人もいた。

こうした理由で困っている人、前に進まなければいけないと決心した遺族が遺品整理をプロに頼むことになる。

遺品整理の現場でまず重要なのは、遺族の気持ちに寄り添うこと。そして遺品を大切に扱うのはもちろんのことだが、故人がどこかにしまった貴重品——通帳や不動産売買契約書など——を、大量の処分品のなかから探し出して遺族の手に渡すことも重要な仕事だ。これができなければ、真の遺品整理人とは言えない。ただまとめて処分するだけなら誰にでもできる。

遺品整理をしていると、故人の人生が生き生きと部屋にあふれ出す。残された品々を見れば、その人の趣味や習い事、好きなものなどがわかるので、わたしはそんな話をきっかけにして、いっしょに作業にあたっている遺族に積極的に話しかけるようにしている。故人の部屋でわたしと遺族が過ごせるのは、今その瞬間しかないからだ。

　すると、それまで感情を押し殺すように黙々と作業をしていた遺族が、手にした遺品や写真を眺めながら、ぽつりぽつりと噛《か》みしめるように、故人の思い出を語りだしてくれる。さっきまで暗かった顔が明るくなっていき、整理を終えて帰る頃には、すっきりした表情を見せていたりする。

「遺品が多すぎて申し訳ない」

　そんなふうに、わたしたちに謝る遺族もいる。でも、どの家庭でも遺品は多い。けっして恥ずべきことではないし、安心してほしい。

　あなたの家だけではない、そのことを知ってもらうために制作したのがこのミニチュアだった。

　先祖代々の遺影や賞状、天袋にしまわれた日本人形。子どもや孫たちが遊びに来たときのための大量の客用布団。いつかまた読み直すかもしれない本棚の書籍。どれも捨てられないものばかり。

　わたしたちはこれらのものを、大切に梱包していく。

天袋にしまわれた日本人形や、写真アルバム。そのどれもに、
家族の大切な思い出が詰まっている。

SHARP

本棚にはその人の人生が映し出される。

いつか子どもが孫を連れて遊びにくるかもしれない。何セット
もの客用布団はそういうときのために備えていたのだろうか。

そんな遺品にまつわる話で、わたしたち遺品整理人は、孤独死の現場で驚くべき場面に遭遇することがある。

みなさんは孤独死の現場というと、どういうイメージを抱いているだろうか。もしかしたら「孤独」という言葉から、静まり返った場所を想像するかもしれない。

しかし、現実は真逆だ。

意外に思われるかもしれないが、騒然としている。

なぜなら、「故人の友人」と名乗る人たちが次々に現れるからだ。

わたしが依頼人である遺族と作業の段取りをしているときや、特殊清掃をしている最中に、彼らは住居の前を何回も通りすがり、室内の様子をうかがいはじめる。そして勝手にずかずか部屋にあがりこんでくるのである。その「友人」は、けっしてお悔やみを言いに来たわけではない。遺品整理を手伝いに来たわけでもない。

目的は何か？

換金できそうな物や、自分が使いたい物を持ち出すためだ。

わたしが出会った、明らかに故人とは親しくない（もしかしたら面識すらないかもしれない）であろうその「友人」たちは、隣の部屋の住人であったり、近所の人であったりした。

「生前に故人からもらう約束をしていたから」

そう言って、堂々と高価な釣り竿を三十本も持ち去った三十代男性がいた。孤独死した七十代男性の隣の部屋の住人で、彼もわたしたちが清掃する様子を何度もうかがいながら部屋に入ってきた。

故人がどんな約束をしていたのか。

本当に友人だったのか。

そもそも疎遠だった遺族には知る由《よし》もないし、わたしたちにも真相はわからない。そして故人が語ることも、もうない。

CUP NOODLE

このような依頼案件があった。

若くして孤独死してしまった男性はアニメやフィギュアなどが好きだったようで、かなりの数のフィギュアが部屋に残されていた。

亡くなった男性の父親は部屋に入るなり悲しみで涙が止まらず、ベランダに出て落ち着こうと必死だった。

そんなときに、「友人」と名乗る男性三人組が戸口に現れたのだ。

亡くなったことを誰にも知らせていないのに、である。

彼らは当たり前のように部屋にあがりこんでくるなり、

「スゲー！　このフィギュア、売ったら百万はするよ！」

と、悲しんでいる遺族を前に喜んでいる。

わたしが、遺族の前だからやめてほしいと注意しても知らん顔で、嬉々としてフィギュアを次々に外へ運び出していく。もちろん、亡くなった男性の父親とその「友人」たちに面識はない。悲しみに暮れている父親には、息子の大切な遺品が目の前で奪われても、止める気力さえ残っていない。
結局、三人組は、換金できる物だけを持ち出して、故人との思い出も、お悔やみの言葉を口にすることもないまま帰っていった。

驚くべきことに、わたしが請け負ってきた孤独死の現場の八割近くにこうした「友人」たちが現れる。近所の中年女性たちが集団でやってくることもあった。「どう⁉　お宝あった？」と清掃にあたっているわたしたちに突然話しかけてきたかと思うと、「この家具、貰《もら》っていっていい？」と、自分が使えそうなものを持っていこうとするパターンが多い。その場にいる遺族は「誰だ、この人は」と不審に思いながらも、その図々しさに気圧《けお》されてしまうのか、しかたなく譲ってしまう。また、故人が趣味で作ったのであろう五円玉を使った置物なども、彼らに目を付けられる。「差しあげる」とはひと言も口にしていないのに、すでに大事そうに抱えてしまっている「友人」を前に、遺族も呆《あき》れてとうとう最後には譲っていた。

茨城の現場では、近所の男性が、自分の家の畳が古くなってしまったから、故人の部屋の畳と交換してほしいと申し出てきたことがある（ちなみに故人の部屋は賃貸だ）。さらに、その家には「十七万円」がどこかにあるはずだから、それが欲しいと言う。現金が部屋にあることを、本人から生前に聞いていたようだ。しかし当然のことながら、わたしたちが依頼人や遺族、親類ではない人間に、勝手に渡すことはない。なぜ貰えると思ったのだろう。

この仕事をしていて辛いと思うのは、汚物でも激臭でも、虫でもない。こんなふうに人間の「裏の顔」が垣間《かいま》見《み》える瞬間だ。

人は死ぬと、モノになり、お金になってしまうのだろうか。

自分の大切な物、あるいは家族の思い出の品を、見知らぬ人に奪われないためにも、いまから対策を講じておくとよいかもしれない。

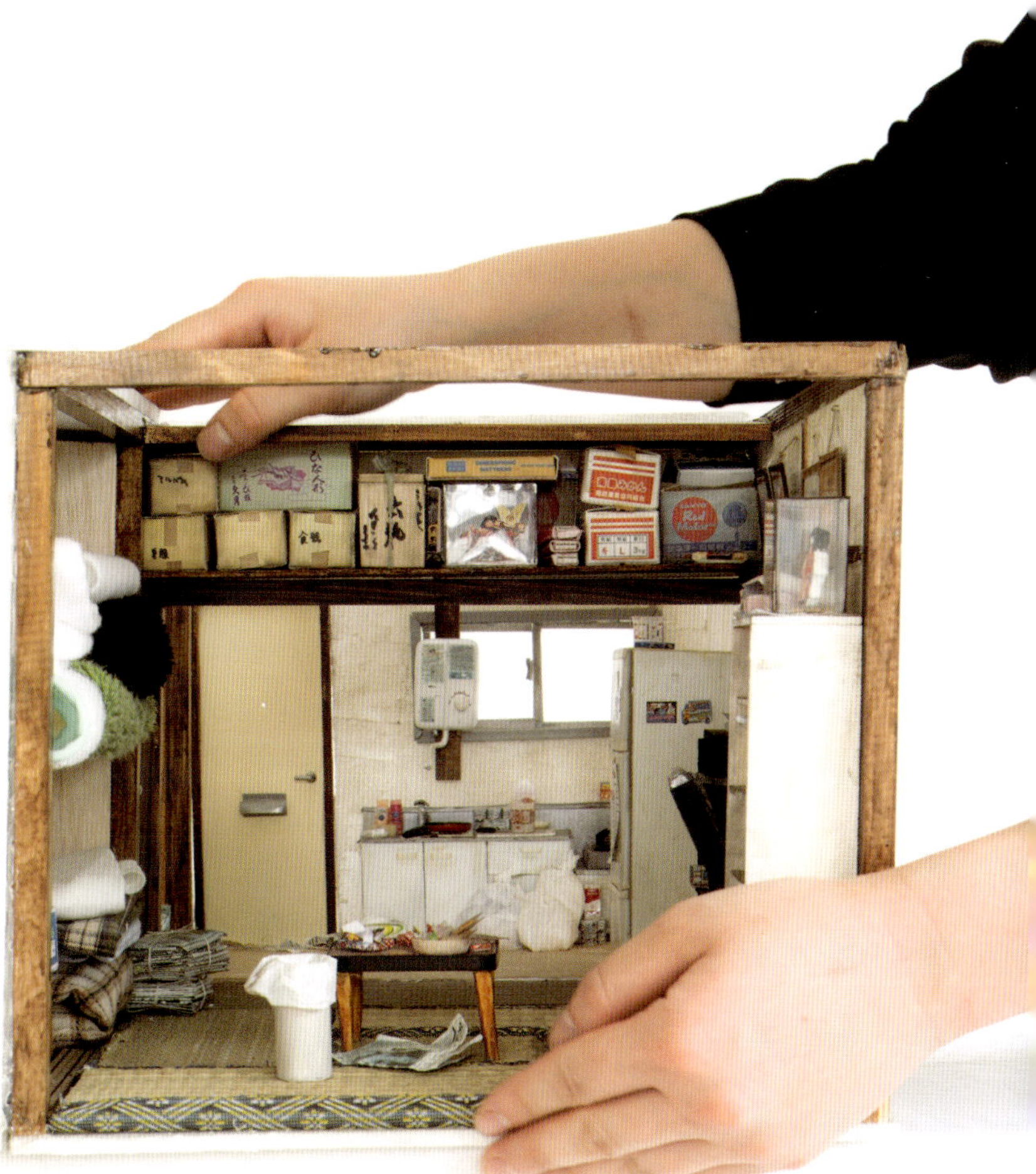

忘れられない遺品

この仕事をしていると、いつまでも記憶に残る遺品というものが数多くある。なかでも、わたしが一番忘れられないのは、ある女性の携帯電話だ。

孤独死の現場では、警察が遺体とともに、貴重品や携帯電話の類を回収していくことが多い（身元の確認が主な理由だと思うが、虫や臭いの立ち込めた部屋のなかに入れない遺族に代わって、良心から探し出して保管しているところもあるのかもしれない）。

しかしその現場は、わたしが依頼を受けて部屋に入ったときにもまだ携帯電話が残されていた。部屋で亡くなった女性は八畳ほどある洋室のダイニングテーブルの近くで倒れて亡くなったらしく、床に敷いてある絨毯《じゅうたん》は体液を吸って、人の形がくっきりと残っていた。携帯電話が残されていたのは、そのちょうど手の部分にあたる。スマートフォンではなく、二つ折りにできる、いわゆるガラケー。充電が切れてしまっているのか、壊れてしまっているのかはわからないが、何度押してみても電源は入らない。電話機は体液にまみれていた。きっと最後まで故人が握りしめていたのだろう。もしかしたらこの携帯で助けを呼ぼうとしていたのかもしれない。あるいは、薄れゆく意識のなかで、最後に声を聞きたいと願った相手に連絡を取ろうとしていたのかもしれない。

そう思うと、切ない。

なかには、テレビのリモコンを握りしめて亡くなっていた人もいた。藁《わら》にもすがる思いだったのかもしれない。

部屋に飾られたままの小物や写真も、かつてそこにいた住人の人柄や人生を豊かに物語ってくれる。

故人が描いた油絵や水彩画が壁に飾られていたり、旅行先で購入してきたのであろう地名の入ったキーホルダーが箱に大切にしまわれていたり。手作りで味わいのある陶芸品や、毛糸や布で器用に作られた人形がいくつも飾られていると、なんだか故人に見守られているような気持ちになってくる。

戸棚の上に大きさもまちまちな写真立てがいくつも並んで飾られていることもあれば、壁一面に写真が貼られていることもある。家族写真や、犬や猫の写真——かならずしも故人のペットとはかぎらない。飼いたいのに何らかの事情で飼えない人が写真を見るだけで我慢していることはとても多いようだ。トイレの壁にまで貼られていて、きっと住人を癒《いや》していたことだろう——がところせましと何枚も。写真を飾る場所や方法は人それぞれ違う。でもそこに写っている故人は家族や友人たちに囲まれ、とても楽しそうに笑っている。

幸せそうだ。

そんな写真のなかの笑顔の先にはいま、その本人が一人で亡くなって何か月も経過した、誰もいない部屋が広がっている。

写真に部屋がそぐわない。

この「ずれ」――人生の「明暗」を目の当たりにして、わたしはいつも戸惑う。

しかし故人の人生はけっして、不幸でも孤独でもなかった、と思うのだ。最後は孤独死だったかもしれないが、幸せそうな笑顔の写真がすべてを物語っている。だからわたしは、部屋に残された故人の思い出の詰まった小物や写真を見ると、少なからず幸せに暮らしていたことがわかり、安心する。

あなたがいま大切にしている物も、いつかあなたの人生を物語ってくれるのかもしれない。

第5章　壁に残された「ゴメン」

じつは孤独死した人の死因のなかで、自殺が占める割合は高い。

孤独死した人の「死因の構成で、特筆すべきことは、自殺の占率も高く、孤独死者の死因の十一％を占めることである」と、「第四回孤独死現状レポート」（一般社団法人日本少額短期保険協会孤独死対策委員会、二〇一九年五月）で報告されている。

わたしが訪れた現場の自殺者は若者が多い。

そもそも、本章で紹介するミニチュアを制作したきっかけはテレビ局からの依頼だった。番組プロデューサーは「わたしたちは自殺を止めたいんです」と意気

人は死んだ
どうなるのか?
人間失格
遺書

込んでいた。番組内容は、自殺未遂の経験がある若者たちによる座談会で、自殺をしようとしたが周りの人に発見されて一命を取りとめた彼らが、どうして死のうと考えたのか、今はどう思っているのかなど、自殺について語りあうものだった。

番組内でミニチュアは若者の自殺した現場の例として紹介された。壁に残された「ゴメン」の文字がとくに印象に残ったようで、本人からＳＯＳは出ていたのではないか、日々のコミュケーションが大事という感想を出演者たちは述べていた。しかし、もしこの番組からの依頼がなければ、わたしは自殺した人の部屋のミニチュアを作ろうとは思わなかったかもしれない。自宅で死亡し、死後、発見されるまでに日数を要したという点で「孤独死」という言葉でくくられるものの、突然死や病死による孤独死と、自ら死を選んだ自殺とでは、まったく意味合いが違うと感じていたからだ。

ちなみにわたし個人の考えでは、自分で「死に方」を選ぶこと自体は悪いことではないと思っている。どんな人にも「死」は訪れるものなのだから、いつ、どうやって死ぬのかを自分自身で決めてもいいのではないかと。

しかし、絶対に忘れてほしくないことがある。

自ら死を選んだ瞬間、周りの大切な人々の心もいっしょに殺しているということを。自分では自覚していなかったとしても、必ず一人は自分を大切に思っている人が存在している。

その「一人」が生きているうちは、あなたにも生きていてほしい。

自殺の現場で、遺族や友人から話を聞くたびに強くそう思う。

だが、精神的に追い詰められてしまった人には、そこまで思いを巡らせる余裕がないのかもしれない。残された部屋の様子を見る限り、自殺する人は真面目な性格の人が多い気がする。真面目であるがゆえに逃げることができず、問題を真《しん》摯《し》に受け止めたり、考えすぎたりしてしまうのかもしれない。

わたしが訪れた現場では、自分が死んだあとで他人に迷惑をかけないようにと入念に準備をしていた人が多い。床にブルーシートを敷いて、体液などで床が汚れないようにしていたり、部屋の退去時に荷物が多いと人に面倒をかけるので自ら持ち物や家具を処分しておいたりと、さまざまな準備がされている。

けれど、実際に清掃作業にあたってきたわたしから見ると、どんなに準備したとしても万全ということはない。

実際にブルーシートで体液の浸出は食い止めることはできても、腐敗臭や害虫の発生により、特殊清掃やリフォームの費用がかかる可能性が出てくる。あるいは、部屋が事故物件扱いになってしまったことで、遺族は大家や管理会社から、フルリフォームや多額の賠償金を請求されかねない。そういう現実的なリスクもあるし、やはり何よりも、遺族や発見者の悲痛な想いは計り知れない。

ある依頼は、地方から上京した息子さんがお風呂で練炭自殺してしまった現場だった。両親の立ち会いのもと、わたしはいっしょに遺品整理をした。

部屋はきれいに片づけられ、死後の発見が早かったこともあり、臭いも汚れもなかった。しかし、遺書も残されていなければ、写真や思い出の品もいっさい残っていなかった。唯一残されていた物は、数着の服と家電製品、練炭自殺のときに使ったのであろうか、大きな石ぐらいだった。

その日に葬式があったようで、両親は喪服のまま遺品整理をしていた。父親は「親より先に死ぬなんてどうしようもない親不孝者だ……このバカ息子」と涙をこらえながら少ない遺品を一つ一つ見ていた。母親は「夢を追いかけて東京に出てきたっていうのに何で死んじゃったの？　わたしたちじゃ助けられなかったの？」とショックのあまりその場にへたりこんでいた。

夢破れ、絶望した息子さんは地方から上京して知り合いも友達もいないなか、誰にも相談できずに一人で闘っていたのかもしれない。応援してくれているからこそ、親には心配をかけたくなかったのかもしれないが、こうして残された人たちの悲痛な想いはずっと消えない。

▲冷蔵庫には就職相談会のチラシが貼られていることも。
◀ロフトにつながる階段にはロープが結ばれ、その下にはブルーシートが残されていた。

この章のミニチュアは、自殺した人のいくつかの部屋の特徴を合わせて再現している。

まず、わたしが請け負ったケースで言うと、自殺する人は男性が多い。

そして部屋は異様なほど物が少なく、片づいている。生前に故人が身の回りの整理、処分をしていることが多い。冷蔵庫も食べ物などはほとんど入っておらず、空っぽに近い。

残された本棚には、宗教関連の本や死んだらどうなるのか、生と死にまつわる本などが多く見られる。最後まで、生きていこうと抗《あらが》った証なのかもしれない。

あるとき、壁に大きくガムテープで「ゴメン」の文字が残されていた部屋があった。


「先に死んでゴメン」

「悲しい思いをさせてゴメン」

「迷惑をかけてゴメン」

ゴメン

きっと、さまざまな意味が込められた「ゴメン」なのだろう。
亡くなる直前まで他の人のことを気遣い、思いやっていたのだろうか。
そして、「ゴメン」の文字を目にした遺族は何を想い、何を感じていただろう。

わたしの勤めている会社の社長は、十代の頃に恋人の女性を自殺で亡くしている。彼女とは何日も連絡が取れずに不審に思っていたところ、それからしばらくして彼女が亡くなったという知らせを受けた。
しかし彼女の両親は詳細を話したがらず、風のうわさで薬を大量に飲んで亡くなったことだけがわかった。けれど、なぜ死んだのか、どこで死んでいたのかはわからないまま。葬儀も密葬だったため、最後まで恋人の顔を見ることはできなかった。だから死んだということが信じられなくて、「本当はまだ生きているのでは」という思いがぬぐえなかった。それまで何事もなくいっしょに過ごしていたし、悩んでいた様子も、変わった様子もなかった。それゆえに余計に信じられなかった。

それよりも前、小学生の頃にも「死」と遭遇していた。近所で仲の良かったおばあさんが孤独死しているのを発見したのだ。その部屋の片づけを手伝ったこと、そして恋人の死が重なり、遺族の気持ちに寄り添いたいという想いを募らせ、いまの遺品整理の会社を立ち上げるにいたった。

自殺の現場の依頼は、年に六、七十件ほど。

独身を貫いている社長といっしょに作業にあたることが多いが、彼が自殺の現場で何を想うのか、わたしはいまだに訊けないでいる。

第６章　残されたペットたち

「殺処分でお願いします」


突きつけられた言葉に、わたしは思わず身を硬くした。

飼い主が孤独死をすると、部屋に残されたペットの行き先は遺族の判断にゆだねられる。しかし、残された動物たちの新しい飼い主を探すわけでも、自分が飼うわけでもなく、真っ先に「殺処分」という選択肢を選ぶケースは少なくない。

遺族がペット不可の物件に住んでいたり、動物が嫌いだったり、喘息《ぜんそく》などの持病があったり、猫より犬が好きだったりと、引き取って飼うことのできない、やむを得ない事情がそれぞれにあるからだ。わたしの経験からすると、世間には犬好きが多いのだろうか、犬はすぐに貰われていくことが多いが、猫は少ない。子猫ならまだいいが、成猫となるとかなり難しくなる。

残されたペットは哺乳類《ほにゅうるい》とは限らず、魚や爬虫類《はちゅうるい》、珍しい生き物もいる。「アロワナ」がいたこともあった。

アロワナとは南米や東南アジアなどに生息している大型の魚で、観賞魚として愛好家が多く、数万円から、高いものだと数千万円の値が付けられる高級魚だ。

こういった珍しい生き物や高級な生き物はすぐに次の飼い主が見つかるし、早いときはその場で貰われていくこともある。

また傾向として、犬や猫を飼っていて孤独死した人の多くが、多数飼いをしている。その場合、たいてい家のなかはごみ屋敷化している。

ミニチュアで再現したように、こうした孤独死の現場では床一面にペットの糞尿が山となり、悪臭もひどい。キャットフードなどの残骸も床一面に散乱している。

飼い主の死後、残っていた餌《えさ》や水は減っていき、運よく生きながらえる場合もあるが、力尽きて死んでしまうペットも多い。孤独死をして何か月も発見されなかった現場では、飼い主の遺体があった同じ布団の上に、息絶えた犬が丸まっていたこともあった。人の遺体は警察などが運び出すのでわたしが清掃に入るときすでにその姿はないが、動物の死体はそのまま取り残されている。

動かない主人に向かって、きっと何度も何度も、喉《のど》が渇いたと吠えて訴えたことだろう。何も反応を返さない主人の横で、ペットは最期に何を想い、死んでいったのだろうか。

せめて、大好きなご主人と天国で再会できたらと思う。

千葉の、とある依頼案件。現代的で白いきれいな二階建ての一軒家だった。

五、六十代の家主は離婚後、一人でその家に住み、猫を八匹飼っていたが、孤独死した。

遺族から依頼を受けたわたしたちがなかに足を踏み入れると、部屋じゅうが生活ごみや猫の糞尿で荒れ果てていた。一人で八匹もの猫を世話するのは難しかったのかもしれない。そのときは七月の暑い盛りで、室内はひどく蒸し暑く、家主が亡くなってからすでに二、三か月が経過していた。

飼い主が亡くなったあと、完全に戸締まりされた屋内に取り残された猫たちは食べる物も飲む水もなく、二、三か月も過ごしていたことになる。そして最終的に飢えをしのぐため、二階で横たわる飼い主の遺体を食べていた痕跡もあったが、わたしが訪れたときには、もう数匹が息絶えていた。

生き残っていた猫たちは、二階のベランダにいた。わたしたちよりも先に部屋に入って遺体を運び出した警察が窓を開けて出してあげたようだ。ただ、水も餌も置いていない。とりあえず外に出してあげれば、どこかへ食べものを探しに行くと考えたのだろう。しかし、猫たちにはすでにジャンプしてよそに逃げ出す力すら残っておらず、今にも餓死しそうな様子だった。

依頼者は故人の娘と元妻。二人とも猫は飼えないと言うので、わたしはひとまず十分な餌と水を部屋に置き、遺族の代わりに新しい飼い主を探すと引き受けた。

ところが次の日、猫たちを引き取りに現場を訪れると、一匹も姿が見えない。慌てて依頼人にどういうことなのか確認すると、「あのあと、網で捕まえて保健所に連れていった」と言う。

極限の環境下で、ここまで生き延びた猫たち。結局わたしは、このとき何もしてあげることができなかった。

これが、残されたペットとわたしがはじめて関わった孤独死の現場である。

残された猫たちの体には毛玉がたくさんできていて、痩《や》せ細った子が多い。
わたしが近づくと、寂しかったというようにすり寄ってくることも。

多数飼いの家の場合、大きな容器で餌や水をあげていることが多いが、
そのなかには何も残っていない。

シンクの前で倒れて亡くなり、床に広がった体液がくっきりと人の形になって残されている。こうした人の形は、たいてい家の出口の方を向いている。最後に助けを求めようとしていたのかもしれない。

次に、都内マンションの孤独死の現場のこと。夏の暑さもだいぶ落ち着いてきた頃で、間取りは単身者向けの一Kだった。

わたしが部屋に入ったとき、そこには合計五匹の猫がいた。

お父さん猫、三毛猫のお母さん猫、そして子どもの猫が三匹。子猫といっても体は大きく、すでに二、三歳ぐらいだろうか。

飼い主は二十代の男性で、急性アルコール中毒で亡くなってしまったらしい。会社に出勤してこなかったため親に連絡が行き、死後三日ほどで発見された。

遺族の話によれば、男性は最初、保護施設から引き取ってきた三毛猫を一匹だけ飼っていたが、一匹だけだと可哀そうだと思い、もう一匹飼うことにしたという。ところが不妊・去勢手術をしていなかったため、子猫を三匹産んで、合計五匹にまで増えてしまった。それ以上増えないようにと、その後は五匹とも手術をしたようだ。

室内を見渡すと、とても猫たちを大切にしていたことが見てとれた。餌のお皿は平たいものではなく、食べやすいように脚のついたもの。自動餌やり機まである。飼い主のための生活スペースはなく、ほぼ猫たちのために使われていた。

猫たちは、久しぶりの人間の姿に怯《おび》える子もいれば、寂しかったとすり寄ってくる子もいた。しかし、立ち合いに来た両親は、五匹とも保健所に連れて行ってほしいと言う。犬を飼っているので、一匹でも猫を引き取ることはできないということだった。

わたしは彼らに断りを入れてから、今度こそ新しい飼い主を探す決心をした。故人の部屋に置いてあった猫用のキャリーバッグを譲り受け、とりあえずわたしたちの事務所に連れていくことにする。その途中、猫たちはいったいどこに連れていかれるのだろうと、必死に鳴いていた。

事務所に着くとすぐにホームセンターに走り、猫用の家やトイレ、餌を調達し、新しい飼い主が見つかるまでは、とりあえずここで暮らせるように環境を整えた。動物好きのわたしとしては、明日からの出勤が楽しみでしょうがないが、そんな悠長なことも言っていられない。どうにかして新しい飼い主を見つけなければ。

まずは、前々から猫を飼いたいと言っていた姉のいる実家を説得しにかかった。その結果、お父さん猫が引き取られることになった。新しい名前は「レオ」。

残り四匹。

声をかけていた友人から連絡が入った。同僚に、二匹までなら飼えるという人がいると言う。すぐさま猫用トイレ一式、キャリーバッグ、これまで与えていた餌などを揃えて、新しい飼い主の家へ連れて行った。お母さん猫と子猫一匹が引き取られた。新しい名前は、福ちゃん、らい君。その名のとおり、きっと幸福な暮らしを送っていることだろう。

残り二匹。

ダメもとで知り合いのおじさんにあたってみたところ、一匹を引き取ってくれることに。気のいいおじさんといっしょに、今ごろは自由に田舎の畑をパトロールしているかもしれない。

残るは、あと一匹。


最後に残ったのは、お母さん猫によく似た三毛の美人猫。

しかし飼い主がなかなか見つからない。

このままではまずい。


わたしはペット可の物件に引っ越す決心をした。

二か月前に更新料を支払ったばかりだったが、命には代えられない。

すぐに不動産屋さんを訪ね、ペット可で手ごろな物件がないかどうか探し回った。ようやく気に入った物件に出会い、契約も済ませて、あとは引っ越すだけというところまできた。そんなとき、以前に里親探しで声をかけていた友人から電話がかかってきた。同僚の知り合いが、猫を飼ってくれるというのだ。そのお宅では、可愛がっていた三毛猫を二年前に亡くしていて、あまりの悲しさにもう猫は飼わないと決めていたが、今回の話を聞いて運命を感じたという。

最後の最後に新しい飼い主が見つかって安心した半面、わたしはちょっぴり残念な気持ちもあったが、これも運命。

わたしはまた一人、〝ペットのいない〟ペット可の部屋に住むことになった。

こうして、ペットたちが残された現場に出くわすたびに考えてしまう。

当たり前のことだが、飼い主とペットの寿命は同時には終わらない。最愛のペットの幸せを祈るのであれば、自分の死の「先」まで考えておく必要があるのではないかと。

第7章　終《つい》の棲家《すみか》

インテリアは統一され、家具もしっかりとした造りの洋風のもの。棚には高級そうなお酒やグラスが並ぶ。壁には額入りの絵。そして余計な物は置かず生活感のないすっきりとした部屋。

経済的に豊かな暮らしを送っていたことがうかがえる。

だからといって、孤独死をしないわけではない。


そこは、首都圏で政治活動をしていた男性が孤独死した現場。高級マンションの一室だった。このようないい物件は防音対策がなされていることが多く、密閉度が高い。出入り口は入居者以外は入れないオートロック式で、暮らすには快適

な空間であることに間違いないだろう。

しかしこうした設備が整っているからこそ、死後、発見が遅れることがある。隙間風などが入ってこないほど密閉された部屋では、死後何か月も経っているにもかかわらず死臭が外に漏れ出さないため、なかなか異変に気づいてもらえないのだ。今回のケースも、発見までに一か月ほどを要した。

依頼者は、故人とは何年も疎遠になっていたという娘とその弟。故人のことをよく思っていないようで、「家族を捨てた人の片づけを、なぜわたしたちがしなければいけないのか」と苛立《いらだ》っていた。詳しい事情はわからないが、故人は家庭よりも自分がやりたいことを優先し、家族よりもそちらを選んだ過去がうかがえた。

遺品整理に取り掛かったときのこと。ベッドの横にあった棚のなかから、きれいにファイリングされた家族写真が出てきた。とても大事にしまわれていた。もしかしたら、故人は自分の人生の選択を後悔していたのだろうか。

だが、写真ファイルを娘さんに渡すと、「捨ててください」のひと言だった。

椅子に座ったまま亡くなっていたケースを再現した。わたしが部屋に入るときに遺体はないものの、その人の過ごした時間や最後の姿が心に浮かぶ。

今年の三月に、高原の別荘地で、孤独死の現場の依頼があった。片道三時間かけて、指定された住所に向かう。グーグルマップでも表示されないような、山のなかだ。

リゾートマンションで、水道の水はすべて天然水。玄関は、住人や宿泊者しか入れないオートロック式。プールや温泉も完備されている。

依頼のあった部屋に入ると、虫こそわいていなかったものの、六十代の男性はコタツのなかで亡くなっていたため、かなりの激臭がした。

死後一、二か月は経過していたようだ。

発見者はマンションの管理人だった。じつはこのマンション、入り口のオートロック機能で、誰がいつ外に出たか、誰が何日間外出していないかまでわかってしまうのだ。そのため、この部屋の住人が何日も出入りしていなかったことを不審に思った管理人が、発見したのだった。

室内はとても質素で、必要最低限のものしか置かれていなかった。好きだったのであろうクロスワードパズルをやりながら、残りの人生を楽しんでいたようだ。

同じ月のこと。こちらは孤独死ではないが、不思議なことに、同じ高原の別荘地から遺品整理の依頼が入った。前回の現場から、車で十五分ほどの場所で、やはりグーグルマップに表示されない山のなかだった。

二階建ての一軒屋で、ムーミンの絵本に出てきそうなとても可愛らしい外見の家だ。周りは別荘ばかりで、休暇のときだけ利用される家のほうが多く、居住者はほんのひと握りしかいない静かな場所だった。

九十歳だった故人も、ここで豊かな自然に囲まれ、庭で畑仕事をしたり、花を植えたり、日曜大工で物置まで作ったりして、老後を謳歌《おうか》していたらしい。東京では珍しい薪《まき》ストーブを使っていて、その炎は薪ストーブならではの優しい色を湛《たた》えていた。九十歳という高齢にもかかわらず、一人で薪を割り、自給自足の生活をしていたようだ。

山のなかは店など何もなく、もちろんコンビニだって一軒もない。

坂道ばかりで、車がなければ何をするにも不便でしかたなかっただろう。体調を崩し、救急車を呼んだとしても、もしかしたらすぐにたどり着けないかもしれない。そんな場所だ。

でも、わたしもいつか歳を取って引退したら――あるいは、人生に休憩が必要になったら――こんなふうに自然豊かで静かな場所に中古の安い別荘を買い、庭に花を植えたり、畑仕事をしたりして、人目を気にせずゆっくり暮らすのもいいかもしれない。たった一人で、死を迎えることになるとしても。

そこは、それほど素敵な場所だった。

もしかしたら、故人も最期をここで迎えようと越してきたのかもしれない。終《つい》の棲家《すみか》として。

最期の瞬間、何が脳裏に浮かんだだろう。

いい人生だったと思えただろうか。

わたしもその瞬間に後悔しないよう、当たり前ではない今日を大切に生きていきたい。
死は誰にでも訪れる。
そして、孤独死をしない特別な人間もいない。
そのことを胸に刻んで。

おわりに

なぜこの仕事を選んだのか。

はじめて会う人に必ずと言っていいほどそう訊かれる。特殊清掃の仕事は、遺体の腐敗による臭いや汚れ、場合によっては感染症のリスクもともなうため、肉体的にも精神的にも負担が大きい。実際に、ほとんどの同僚はすぐに辞めていく。それも百人中、九十九人くらいの割合で。だから、わたしがこの仕事を続けていることを不思議に思われても、当然かもしれない。

そもそものきっかけは、父の突然死。孤独死する一歩手前だった。

高校からの帰宅途中、わたしは姉からの連絡で父が脳卒中で病院に運ばれたと知らされた。急いで病室に駆けつけると、そこには無数のチューブを鼻や口に繋がれた意識のない父がいて、その周りを母や親族が取り囲んでいた。

二か月前に、両親は離婚を前提に別居したばかりだった。その日はたまたま必要があって母が父のもとを訪れたのだが、玄関を開けて目の前の廊下で倒れていた父を発見して救急車を呼んだという。

わたしたちの呼びかけに、意識のない父の目からツーっと涙が流れ落ちる。それからしばらくして心肺が停止した。この先も変わらずわが道を歩んで生きていくのだと思っていた父の、突然の死だった。わたしはずっと父のことを嫌っていた。父との最後の思い出も、殴り合いの喧嘩だった。母を守るためだった。にもかかわらず、このときはじめて、自分のなかに尊敬の気持ち、愛情があったことに気づかされた。生前にもっと父と話をしていたなら、避けていなければ、何か違っただろうか。後悔だけが残った。

父が亡くなってから数年が経ち、わたしが高校を卒業して郵便局に就職した頃、知人が遺品整理・特殊清掃という仕事があることを教えてくれた。興味がわいてネットでいろいろ調べてみたところ、遺品整理で嫌な思いをしたという依頼人たちの書き込みを見つけた。依頼した業者に室内を傷つけられたり、目の前で思い出の品を壊されたり投げられたりしたという。なかには不安を煽《あお》られ、高額請求されたケースもあった。

許せなかった。

それなら、わたしが遺品整理や特殊清掃の仕事をやったらどうだろう。肉親を亡くしているわたしなら、遺族の気持ちに寄り添えるのではないか。残された人たちの心を少しでも軽くできるのではないか。亡くなった人の役にも立ちたい。父の死に対し抱いていた後悔の念も、この思いを後押ししてくれた。

しかし、軽い気持ちで始められるような仕事ではなかった。二年かけて自分の意志が揺るぎないことを確かめた。そして、求人にこんな説明書きを載せている遺品整理会社に出会った。

『ただ片づけるだけ、ではない』

そこには、故人や遺族への配慮と、この仕事が人の心を整理し、止まってしまった時間を前に進めるための尊い仕事だということが切々と綴《つづ》られていた。

ここでなら、思い描いていたような、心のこもった仕事ができるかもしれない。わたしは応募することに決めた。しかし家族の反対がなかったわけではない。案の定、母親は猛反対だった。「なぜ大変だとわかっていることに自ら足を踏み入れるのか」「仕事は他にもいっぱいあるのだから、わざわざあなたがやらなくても」と。

それでも自分の想いをわたしは伝えた。自分にしかできないことがあると思っていること、父も発見があと少し遅ければ孤独死だったこと。突然死してしまった故人のために、そして部屋の片づけのことを考えると不安で眠れない遺族のために必要な仕事であること。すべて片づけてあげることではじめて、遺族は純粋に故人の死を悼《いた》むことができるのではないか、と。

母は少し黙っていたが、半ば諦《あきら》めた顔で「それならやってみなさい」と言ってくれた。

こうして、現在の遺品整理会社での仕事が始まった。

本書の執筆にあたって、担当編集者が孤独死の現場に同行させてほしいとやってきたときのこと。ユニットバスでの孤独死だったが、浴槽の外で死後三日での発見だったため、遺体から漏れ出た体液は少量でそれほど汚れもなく、虫や臭いの発生もなかった。なのでその日の作業は風呂場の特殊清掃と遺品整理だけだと編集者は思っていたらしく、わたしたちがエアコンを洗浄し、キッチンを磨きあげ、窓ガラスを全部はずして丸洗いしはじめたのを見てかなり驚いた様子だった。

それからすべての作業が完了すると、わたしたちはいつも通り、玄関先に線香を灯して仏花を飾った。しかし部屋に何か残すわけにいかないので、すぐにそれらは撤去する。そのたった五分のあいだ供《そな》えるためだけに、二十分かけて仏花を買いに走る理由を編集者は知りたがった。

「正直言って依頼人も見ていないわけですし、そもそもそこまでの仕事は求められていないですよね」

たしかに、その通りかもしれない。でも、「そこまで」わたしがやるのは、故人が慣れ親しんだこの部屋の最後を「締めくくる」ため、そして突然身内を亡くしてしまった遺族の気持ちに「区切り」をつけるため。

わたしは故人のことを家族のように思いながらいつも作業している。だから、徹底的に部屋をきれいにし、弔《とむら》う。

故人には安心してあの世に旅立ってほしいから。

その想いはこれからもずっと変わらない。

ミニチュアのサイズ・制作年

（縦×横×高さ）単位mm

第１章　335 × 345 × 224（2017 年）

第２章　444 × 266 × 265（2017 年）

第３章

（トイレ）112 × 274 × 164（2019 年）

（お風呂）155 × 155 × 145（2017 年）

第４章　514 × 336 × 252（2018 年）

第５章　402 × 336 × 252（2018 年）

第６章　253 × 510 × 202（2019 年）

第７章　272 × 387 × 226（2019 年）

[ミニチュア制作・文]

小島美羽

Miyu Kojima

1992年8月17日、埼玉県生まれ。2014年より遺品整理クリーンサービス（株式会社ToDo-Company）に所属し、遺品整理やごみ屋敷の清掃、孤独死の特殊清掃に従事する。孤独死の現場を再現したミニチュアを2016年から独学で制作開始し、国内外のメディアやＳＮＳで話題となる。

[写真]

加藤甫

Hajime Kato

1984年神奈川県生まれ。写真家・西村陽一郎氏に師事。フリーランスとして様々な媒体での撮影のほか、アーティストやミュージシャン、アートプロジェクトのドキュメントを各地で行なっている。

時《とき》が止《と》まった部屋《へや》

遺品整理人《いひんせいりにん》がミニチュアで伝《つた》える孤独死《こどくし》のはなし

2019年8月31日　第1刷

著　者　小島美羽《こじまみゆ》
写　真　加藤 甫《かとうはじめ》
ブックデザイン　atmosphere ltd.
発行者　成瀬雅人
発行所　株式会社原書房
〒160-0022 東京都新宿区新宿1-25-13
電話・代表　03 (3354) 0685
http://www.harashobo.co.jp/

振替・00150-6-151594
印刷・製本　シナノ印刷株式会社

ISBN 978-4-562-05680-4　Printed in Japan